BEI GRIN MACHT SICH IHR WISSEN BEZAHLT

AF166943

- Wir veröffentlichen Ihre Hausarbeit,
  Bachelor- und Masterarbeit

- Ihr eigenes eBook und Buch -
  weltweit in allen wichtigen Shops

- Verdienen Sie an jedem Verkauf

Jetzt bei www.GRIN.com hochladen und kostenlos publizieren

Relaunch einer Website

Projektarbeit im Modul User Interface Design

Lennart Loose

Bibliografische Information der Deutschen Nationalbibliothek:

Die Deutsche Nationalbibliothek verzeichnet diese Publikation in der Deutschen Nationalbibliografie; detaillierte bibliografische Daten sind im Internet über http://dnb.d-nb.de abrufbar.

ISBN: 9783346736291
Dieses Buch ist auch als E-Book erhältlich.

© GRIN Publishing GmbH
Nymphenburger Straße 86
80636 München

Druck und Bindung: Books on Demand GmbH, Norderstedt Germany
Gedruckt auf säurefreiem Papier aus verantwortungsvollen Quellen

Das Buch bei GRIN: https://www.grin.com/document/1280591

Projekt User Interface Design

Im Studiengang Informatik (B.Sc.) der IU Internationale Hochschule

Aufgabenstellung 2: Relaunch einer Website

Vorgelegt von: Lennart Vincent Loose

Durchführungszeitraum: Sommersemester 2022

Inhalt

I. Abbildungsverzeichnis

I. Abkürzungsverzeichnis

E	Erwartungswert
ECTS	European Credit Transfer and Accumulation System
IA	Informationsarchitektur
IU	International University
MS	Meilenstein
UI	User Interface

III

1. Einleitung

1.1 Projektkontext

Im Zuge kontinuierlich wachsender Datenmengen und einer Vielzahl darstellender Endgeräte, besonders im mobilen Bereich, nimmt die Bedeutung strukturierter und intuitiv auffindbarer Informationen auf Webpräsenzen zu. Die Darstellung der Inhalte sollte sich dabei an den Bedürfnissen der Nutzenden sowie dem Nutzungskontext orientieren. Das Ziel dabei sei es, eine möglichst hohe Benutzerfreundlichkeit beziehungsweise Gebrauchstauglichkeit im Gestalten der Nutzeroberflächen zu erreichen (Bühler et al. 2017: S. 16). Diese Optimierung einer Webpräsenz bildet den Rahmen des vorliegenden Projekts.

1.2 Auftrag

Der Relaunch der Website umfasst die Optimierung der Darstellung einer bestehenden Internetpräsenz in Bezug auf die Benutzerfreundlichkeit und setzt sich aus folgenden Teilaufgaben zusammen:

1. Ermitteln der spezifischen Nutzergruppen

2. Analyse des Ist-Zustandes unter deren Berücksichtigung

3. Optimierung der Website entsprechend der Nutzungsanforderungen

4. Darstellung zweier Varianten mit jeweils unterschiedlichen Schwerpunkten. Jede Variante soll drei Webpages in jeweils mobiler bzw. Desktopansicht responsiv darstellen

5. Planung und Durchführung des Projekts nach einem nutzerzentrierten Prozessmodell

(IU 2022a: S. 3)

1.3 Ablauf

Zu Beginn des Projekts erfolgt eine Vorstellung des Auftraggebers beziehungsweise der hinsichtlich der Nutzungsgruppen und -bedürfnisse zu analysierenden und zu optimierenden Internetpräsenz. In der anschließenden Zeit- und Kostenplanung wird der Rahmen der zu erfolgenden Arbeitsschritte mit Hilfe von Meilensteinen und Arbeitspaketen sowie einer Drei-Punkt-Schätzung abgesteckt. Anschließend wird im Zuge einer Stakeholderanalyse ermittelt, welche Personen durch das Projekt in welchem Ausmaß betroffen und einzubeziehen sind. Dies ermöglicht auch das Identifizieren potentiell unerkannter Teilaufträge und Projektwiderstände. Bevor die eigentliche Optimierung der Webpräsenz vorgenommen werden kann, wird zunächst ein nutzerzentrierter Gestaltungsprozess initiiert, um Nutzergruppen und -bedürfnisse zu ermitteln. Dieser ermöglicht anschließend, eine Ist-Analyse der Website durchzuführen. Auf

Basis dieser Schlussfolgerungen kann iterativ ein Designprozess erfolgen, der den Nutzungs-kontext und die -anforderungen festlegt, Gestaltungslösungen hervorbringt und diese anschlie-ßend evaluiert.

2. Projektdurchführung

2.1 Planung

2.1.1 Ermitteln eines Kooperationspartners

Das Projekt benötigte zur Durchführung eines nutzerzentrierten Prozesses sowie zur Analyse und Optimierung der Benutzerfreundlichkeit einer Webpräsenz zunächst eine Kooperation mit einem Anbieter. Dieser stellt die Internetpräsenz zur Verfügung und gewährt der Projektleitung das Verwenden von Bild- und Textmaterial. Dazu wurde der Internetauftritt http://Gipfelgeil.de als Partner gewonnen und ein Administrationskonto zur Ausführung der praktischen Tätigkei-ten eingerichtet. Die Website bietet Informationen zu Bergwanderungen an und präsentiert Dokumentationen von bereits erfolgten Unternehmungen in den deutschen Alpen. Aus bereits erfolgter Zusammenarbeit in einem vorherigen Projekt an der IU, im Modul „Projekt Software-entwicklung" (ISEF01), konnte der Kontakt zum Verantwortlichen der Website hergestellt und die Kooperation zur Optimierung vereinbart werden. Der Beginn des Projekts erfolgte somit am 29.06.2022.

2.1.2 Stakeholder Management

Aus dem Kontext des Projekts wird ersichtlich, dass es unterschiedliche Interessengruppie-rungen beziehungsweise Akteure gibt, die betroffen sind. Dies sind zum einen die Nutzergrup-pen, die auf die Inhalte der Website zugreifen sowie der Betreiber des Auftrittes als Auftrag-geber. Weiterhin vom Projekt betroffen sind die Autoren der Inhalte. Nach Swenson und Con-bere (2021) seien Stakeholder in mehrfacher Hinsicht von Interesse: einerseits stellen sie die Quelle dar für fachliche Anforderungen, können durch zielgerichtetes Einbeziehen Innovatio-nen beisteuern und andererseits Risiken aufzeigen. Dadurch ließen sich Fehler frühzeitig ver-meiden und Kosten einsparen. Im Falle kritischer Stakeholder helfe eine gezielte Überzeugung weiterhin dabei, Widerstände gegen das Projekt abzuschwächen (Swenson und Conbere 2021: S. 15f.). Die Art und der Umfang des Einbeziehens ergeben sich aus der Priorisierung der Stakeholder mit Hilfe einer Matrixdarstellung: sie bezieht einerseits die „Macht" (engl. power) und andererseits das „Interesse" (engl. interest) der Betroffenen ein. Aus der Einord-nung in die Quadranten ergibt sich in der Folge die weitere Involvierung, die sich zwischen enger Zusammenarbeit, Zufriedenstellen, Informieren und Überwachen bezüglich des Ausma-ßes an Interesse bewegt (ebenda: S. 20). Abbildung 1 zeigt die Einteilung der Priorisierung sowie die daraus abgeleiteten Aktivitäten des Stakeholdermanagements. Die weitere Detail-planung werde in einer Stakeholdertabelle vorgenommen, die neben den Parametern „Macht" sowie „Interesse" die Rolle des Stakeholders, zu beziehende Informationen und potentielle Unterstützung für das Projekt dokumentiert. In Abbildung 2 sind die weiteren Aktivitäten für die Akteure des Projekts dargestellt. Entsprechend der Vorgabe aus der Aufgabenstellung sind die personenbezogenen Daten hier anonymisiert, sodass lediglich die Rolle, nicht aber der Name des Stakeholders aufgeführt wird (IU 2022a: S. 2)

2.1.3 Zeitplanung

Entsprechend der gezeigten Teilaufträge wird das Projekt in vier fachliche Phasen gegliedert. Die Annahme ist, dass der Auftraggeber das Projekt mit 150 Stunden budgetiert (entspricht 5 ECTS), die sich auf vier Wochen verteilen. Abbildung 3 zeigt das Ganttdiagramm als Artefakt der Planung: ersichtlich ist, dass sechs Meilensteine (MS) im Projekt geplant sind, die jeweils den Abschluss einer Phase darstellen. Eingangs erfolgt eine Planung des Projekts, bestehend aus der Analyse des Auftrags, der Zielermittlung, einer Stakeholderanalyse sowie der Zeit- und Kostenplanung. Die wesentliche Leistung des Projekts bildet der nutzerzentrierte Design-prozess, der in der zweiten Phase mit der Ermittlung der Nutzergruppen beginnt. Er umfasst das Festlegen des Nutzungskontext, der Nutzungsanforderungen und hält die Ergebnisse für die Gestaltungslösungen fest. Ausgehend von den Nutzergruppen kann die bestehende Inter-netpräsenz hinsichtlich der Usability analysiert werden (Phase 3). Dies umfasst die Informati-onsarchitektur, die Navigation, die Interaktion, die Typographie sowie die Darstellung der In-halte (IU 2022a: S. 5). Daraufhin kann die Website unter Berücksichtigung der Nutzergruppen optimiert werden. Dazu wird zunächst ein Konzept erstellt und anschließend umgesetzt (Phase 4). Die Interfacevarianten werden in der darauf folgenden Phase als Mockups erstellt und do-kumentiert. Den Abschluss bildet die sechste Phase. Sie umfasst das Festhalten der Ergeb-nisse, die Abschlussrechnung sowie das Fertigstellen der Dokumentation. Im Ganttdiagramm enthalten sind die feingranularen Arbeitspakete, deren Start, Dauer sowie Vorgänger- und Nachfolgerbeziehung.

2.1.4 Kostenplanung

Im Rahmen dieses Projekts übernimmt der Verantwortliche der Internetpräsenz die Rolle des Auftraggebers. Die Annahme ist, dass für das Projekt 150 Stunden zur Verfügung stehen. Um die Kosten am Anfang des Projekts zu ermitteln, wird eine Drei-Punkt-Schätzung durchgeführt wie in Lüth (2018) beschrieben. Diese Methode basiert auf der Annahme dreier möglicher Projektverläufe: einem günstigen Fall (best case), einem wahrscheinlichen Fall (most likely) sowie einem ungünstigen Fall (worst case). Es wird für das Projekt angenommen, dass der Stundenaufwand des günstigsten Falles mit dem Faktor 0,8 und der des ungünstigsten Falles mit dem Faktor 1,3 multipliziert wird. Folglich ergäben sich 120 beziehungsweise 195 Stunden für die beiden Szenarien. Im wahrscheinlichsten Fall jedoch werden die budgetierten 150 Stun-den für das Projekt benötigt. Für das pessimistische Szenario wird außerdem angenommen, dass technische Risiken eintreten, darunter Probleme in der Analyse des Ist-Zustands sowie den daraus abgeleiteten Aktivitäten der Optimierung und der Erstellung der Mockups. Für diesen Fall wird die Leistung einer externen Beraterin oder eines externen Beraters in Höhe von 20 Stunden in die Schätzung einbezogen. Die ermittelten Stundensätze für diese Leistung enthalten keine Lohnnebenkosten, da diese selbst abgeführt werden. Für die Projektleitung wird mit dem Median des Stundenlohns eines Fachinformatikers für Anwendungsentwicklung gerechnet. Berücksichtigt dabei wird das Bundesland (Hessen) sowie die Lohnnebenkosten. Der Erwartungswert der Drei-Punkt-Schätzung kann mit folgender Formel ermittelt werden:

$$E = \frac{(best + 4 * most\ likely + worst)}{6}$$

Aus den Berechnungen in Abbildung 4 ergibt sich nach Einsetzen in die Formel ein Erwartungswert in Höhe von 8477,5 € beziehungsweise 6120 € (best case), 7650 € (most likely) sowie 14145 € (worst case).

2.2 Ermitteln der Nutzergruppen

Im Zentrum eines iterativen, nutzerzentrierten Designprozesses stehe die Nutzerin oder der Nutzer. Umso wichtiger sei es für Entwicklerinnen oder Entwickler, sich bewusst zu sein, dass das Produkt für eine andere Personengruppe gestaltet wird. Folglich sei eine zu erbringende Leistung im Design, die Bedürfnisse der Nutzenden zu identifizieren und in den Prozess einfließen zu lassen (Nielsen 2019: S. 4). Eine Methode, um das Design aus Sicht der Nutzenden zu betrachten, wird in Nielsen (2019) dargestellt und bedient sich der Abstraktion der „Persona". Dies sei keine reale Person, sondern vielmehr eine Repräsentation der Nutzerin oder des Nutzers, um deren Anforderungen, Nutzungskontext und Fähigkeiten zu vermitteln. Die Methode habe sich in der Praxis als vorteilhaft erweisen, wobei der Mehrwert wie folgt beschrieben wird: Personas unterstützen beim Priorisieren der Zielgruppe und helfen, einen Schwerpunkt zu setzen. Weiterhin würden sie fälschliche Annahmen der Organisation über die Kundinnen und Kunden aufzeigen und in Frage stellen sowie die Produktentwicklung auf die Zielgruppe und nicht die Technologie abstimmen. Dem Designteam helfe die Methode, in dem sie verdeutlicht, dass die NutzerInnen sich vom Team unterscheiden. Bezüglich der Designentscheidungen, die durch Stakeholder beeinflusst werden, helfe die Methode durch gezieltes Verhindern solcher Umsetzungen und stärke die Position der mit dem Design beauftragten Experten (Nielsen 2019: S. 10-11). Um konkrete Personas zu kreieren, zeigt Nielsen (2019) zehn Schritte auf, an denen sich im Folgenden orientiert wird.

2.2.1 Sammlung von Daten

Im ersten Schritt gehe es darum, Wissen über die NutzerInnen zusammenzutragen. Um Untersuchungen diesbezüglich zu planen, beinhalte die Sammlung von Daten zunächst das Festlegen, wie Daten erhoben werden, wie Daten definiert sind und wie sie analysiert werden.

Weiterhin müsse sichergestellt werden, dass das Datenmaterial von ausreichender Qualität ist, um Annahmen daraus abzuleiten. Die Methode der Personas gehöre nach Nielsen (2019) zu den qualitativen und lege den Fokus dabei auf das Verständnis des alltäglichen Lebens, die Bedürfnisse, die Einstellungen sowie das Verhalten. Da die Datenerhebung dieser Methode bereits nahe am Untersuchungsgegenstand („starting point […] is the focus area" (Nielsen 2019: S. 28)) beginne, werde zunächst vorhandenes Wissen, beispielsweise aus Forschungsberichten, ausgewertet, um Annahmen vorzunehmen. Ziel sei es, zu ermitteln, was die NutzerInnen voneinander unterscheide. Dies könne das Gehalt sein, das Alter, das Geschlecht sowie Erfahrungen mit, beziehungsweise Einstellungen gegenüber dem Produkt. Um im Rahmen des Projekts Daten zu erhalten, wird methodisch der Empfehlung der Aufgabenstellung gefolgt und eine qualitative Erhebung durchgeführt, wobei die befragten Personen die Zielgruppe möglichst gut repräsentieren sollten (IU 2022a: S. 7). Die untersuchten Fragestellungen beziehen sich dabei im Schwerpunkt auf die Benutzerfreundlichkeit der Website und umfassen folgende Gebiete: Informationsarchitektur, Navigation, Interaktion, Typographie, Inhalte und Farben. Weiterhin werden anonymisiert Angaben zum Alter, zum Geschlecht, zum Beruf, sowie zum zeitlichen Umfang dieser Art Sport ermittelt. Das Ziel ist es, mindestens zwei Personas zu erstellen, die einerseits die NutzerInnen sinnvoll repräsentieren und andererseits für die Analyse und Optimierung der Internetpräsenz verwendet werden können. Dazu werden die NutzerInnen an die Website herangeführt, der Fragebogen ausgefüllt und nachbesprochen. Abbildung 5 zeigt das zur Erhebung verwendete Dokument. Um datenschutzrechtlich konform zu arbeiten, sind die Erhebungen anonymisiert.

2.2.2 Bilden einer Hypothese

Die Daten konnten durch die Fragebögen erhoben werden, sodass im nächsten Schritt die Hypothese formuliert werden kann. Dazu werden die Daten hinsichtlich der Unterschiede zwischen den NutzerInnen analysiert. Es wurde dabei der Empfehlung der Aufgabenstellung gefolgt und eine Stichprobe von n=6 NutzerInnen ausgewählt. Da diese die Zielgruppe möglichst sinnvoll repräsentieren sollen, wurde bei der Auswahl der Personen vorausgesetzt, dass diese ein Interesse für das Thema der Website zeigen. Die Erhebung ergab, dass das Alter im Bereich von 21 bis 66 Jahren liegt, mit einem Median von 32 Jahren und gleicher Verteilung der Geschlechter. Die Berufsqualifizierung zeigt, dass drei Personen mit akademischem Hintergrund befragt wurden. Zwei der Personen, die diesen nicht aufwiesen, gaben an, in ihrem Berufsfeld in Führungspositionen tätig zu sein. Eine Person befindet sich im Erststudium. Bezüglich des Umfangs der Touren ergaben sich Unterschiede in der Stichprobe: drei Personen gaben an, regelmäßig Touren (>5) in den Bergen zu unternehmen (inklusive Mittelgebirge), wohingegen die andere Hälfte der Stichprobe deutlich weniger Touren unternahm. Bezüglich der Gruppengröße zeigte sich, dass nur eine Person im familiären Verbund wandern ging, wohingegen die anderen Personen als Paar oder alleine Touren unternahmen. Die Art der

bevorzugten Wanderung verteilte sich gleichmäßig auf die Halbtages- und Tagetouren beziehungsweise solche mit Übernachtung in Hütten. Die Erhebung im Bereich der Usability ergab
folgende Unterschiede: Die Informationsarchitektur half nur zwei der Personen dabei, sich zu
orientieren. Sie gaben an, Inhalte seien mehrfach zu finden, was die Orientierung erschwere.
Die Erreichbarkeit der globalen Navigation auch von Inhaltsseiten heraus wurde hingegen von
allen Personen genannt. Die Interaktion mit den Elementen wurde intuitiv von vier Personen
als solche erkannt. Das Verhalten der Elemente entsprach in diesen Fällen der Erwartung.
Zwei Personen eröffnete sich das Verhalten der Elemente nicht intuitiv. Die Typographie er-
füllte die Bedürfnisse in vier Fällen. Zwei Personen wünschten, die Buchstaben wären größer.
Hier wurde zur weiteren Erhebung im Browser die Zoomfunktion verwendet. Der Kontrast von
Schrift und Hintergrund wurde auf den Inhaltsseiten in vier Fällen als zu schwach angegeben.
Lediglich zwei Person empfanden diesen als geeignet. Zwei NutzerInnen gaben bezüglich der
Textlänge der Beiträge an, diese sei zu kurz, wohingegen drei Personen diese als angenehm
und eine Person als zu lang bewertete. Die Dimension der eigebetteten Bilder wünschten sich
vier Personen größer. Das vermittelte Gefühl für die Tour würde im Falle von zwei Personen
vermittelt. Vier Personen gaben an, sich mehr Bildmaterial auf den Inhaltsseiten zu wünschen.
Die sprachliche Gestaltung bewerteten vier Personen als angenehm, wohingegen zwei Personen sich gehobenere Sprache wünschten. Die Rückwärtsnavigation erkannten drei Personen intuitiv (Breadcrumbnavigation). Der vermittelte Eindruck der Website bei den Personen
variierte entsprechend der offenen Frage, zeigte aber ein positives Bild in vier Fällen. Zwei
Personen gaben an, die Seite sei ihnen zu „unübersichtlich". Bezüglich der Inhalte, die NutzerInnen vermissen würden, zeigte sich, dass sich vier Personen eine eingebettete Karte
wünschten. Zwei Personen gaben an, sie hätten die Suchfunktion nicht gefunden. Drei Personen wünschten sich außerdem, die Länge der Touren würde zu Beginn eines Beitrags genannt. Die Informationen, die sie suchten, konnten in vier Fällen gefunden werden. Die Kom-
mentare und Hinweise der Erhebung stellten außerdem eine wesentliche Quelle für Anregungen dar. Die Hypothese ist, dass es Unterschiede in den Nutzungsgruppen gibt, sodass eine
Gruppe, bestehend aus den Personen oberhalb des Medians des Alters, weniger vertraut ist
mit den Inhalten, die auf Websites präsentiert werden. Für sie ist die thematische Aufteilung,
Orientierung und Navigation nicht immer intuitiv erkennbar, sodass das Benutzererlebnis eingeschränkt ist. Die Typographie und der verwendete Kontrast erscheint für diese Gruppe außerdem nicht geeignet zu sein. Die Website wirkt auf diese Gruppe des Weiteren unübersichtlich, die Beiträge zu kurz und der sprachliche Stil nicht ansprechend. Die zur Verfügung ge-
stellte Breadcrumbnavigation wurde durch diese Gruppe nicht erkannt. Da die Suchfunktion
nicht verwendet und auch nicht explizit nach dieser Funktion gesucht wurde, stellt sie nur eine
untergeordnete Rolle dar. Es wird angenommen, dass die Personen nicht gezielt suchen, son-

dern sich vielmehr durch Stöbern inspirieren lassen wollen. Weiterhin wird für die zweite Nutzungsgruppe angenommen, dass sie mit den dargestellten Inhalten vertraut ist, ihr Alter im Bereich des Medians liegt und die verwendete Informationsarchitektur dem mentalen Modell dieser Gruppe eher entspreche. Weitere Einzelheiten werden in den nachfolgenden Kapiteln beschrieben.

2.2.3 Akzeptanz der Hypothese

Nach der Analyse wurden die Ergebnisse mit dem Verantwortlichen der Internetpräsenz besprochen. Das Ziel dieser Rücksprache ist das Validieren der Hypothese und das Einbeziehen in den Entscheidungsprozess (Nielsen 2019: S. 39). Seitens des Auftraggebers gab es keine Widerstände bezüglich der Hypothesen.

2.2.4 Festlegen der Anzahl von Personas

Entsprechend der formulierten Hypothesen wird die Anzahl der Personas auf zwei festgelegt. Diese werden im Rahmen des Projekts erschaffen und mit „Dieter" sowie „Lisa" bezeichnet. Diese Namen sind frei gewählt und haben keinen realen Bezug zu den Personen der Stichprobe.

2.2.5 Beschreibung der Personas

Dieter, 64 Jahre alt, ist nach langjähriger Tätigkeit als Ingenieur in Pension. Er übte Zeit seines Lebens sportliche Aktivitäten aus und unternahm Reisen in die Alpen, die Anden sowie den Himalaya, um Touren zu unternehmen. Dabei zog er, da es in den 1990er Jahren noch nicht viele Inhalte im Internet gab, meist gedruckte Reiseführer zu Rat. Dieter ist aufgrund seiner planerischen Tätigkeiten im Beruf auch im Privaten akribisch und beschafft sich benötigte Informationen durch Stöbern im Internet. Seine bevorzugten Touren erfolgen allein und haben maximal die Länge eines Tages. Mit dem Aufbau von Internetseiten ist er grundsätzlich vertraut, die Interaktionen und Möglichkeiten ergeben sich ihm jedoch nicht immer intuitiv. Aufgrund kleiner Typographie und einer Kurzsichtigkeit, verwendet er eine Lesebrille oder die Zoomfunktion im Browser.

Lisa ist 34 Jahre alt und arbeitet als Projektleiterin im öffentlichen Dienst. Das Thema „Bergtouren" begeistert sie nachhaltig, da sie im süddeutschen Raum studiert hat und die Berge in der Freizeit erkundete. Sie ist es gewohnt, gezielt Informationen zu beschaffen und verdichtet diese für ihre Entscheidungsfindung. Da sie mit den Möglichkeiten des Internets früh in Berührung kam und dieses beruflich und privat verwendet, ist der Aufbau einer Internetseite für sie meist intuitiv erfassbar. Sie zielt darauf ab, sich durch die Inhalte Anregungen für Touren zu holen und nutzt die angegebenen Parameter für die Planung. Da sie sportlich versiert ist, filtert sie Inhalte, wenn dies möglich ist, um potentielle Ziele schneller zu identifizieren.

2.2.6 Erschaffen von Nutzungssituationen

Dieser Teil des nutzerzentrierten Designprozesses befasst sich mit dem Kontext der Nutzung. Es werden Situationen beschrieben, aus denen heraus eine Persona das Produkt verwendet. Aus diesen Situationen kann in der Folge ein allgemeineres Anwendungsszenario abstrahiert werden (Nielsen 2019: S. 84). Mögliche Situationen, die zum Besuch der Website führen, können folgende sein:

1. Lisa plant am heimischen Schreibtisch über ihren Desktoprechner einen Urlaub an einem verlängerten Wochenende. Da sie zwei Tage für das Wandern einplant, entscheidet sie sich für eine mehrtägige Tour mit Übernachtung. Über eine Freundin bekommt sie die Empfehlung für einen Besuch der Website https://gipfelgeil.de, da Touren dort erlebnisnah beschrieben werden. Sie navigiert auf die Website und beginnt, sich zu informieren.

2. Dieter befindet sich mit seinem Wohnmobil auf einer Reise nach Italien, um dort Urlaub an der Adria zu machen. Er plant, im süddeutschen Raum einen Zwischenhalt einzulegen. Vor Ort angekommen, wird er neugierig, ob in der Nähe wohl interessante Tagesausflüge beschrieben sind. Da er, anders als sonst, keinen Reiseführer zur Hand hat, findet er im Internet über die Suche die Website https://gipfelgeil.de. Wegen des seltsam anmutenden Namens navigiert er auf die Seite und sieht sich um. Da er seinen Rechner zu Hause ließ, nutzt er dazu sein mobiles Endgerät. Er stöbert auf den Seiten und informiert sich über Touren, die seinem Zeitrahmen entsprechen können.

2.2.7 Akzeptanz der Situationen

Die beschrieben Anwendungsfälle wurden mit dem Verantwortlichen der Website besprochen und ergänzt. Sie werden im weiteren Projektverlauf zur Entscheidungsfindung herangezogen (Nielsen 2019: S. 87).

2.2.8 Verbreiten des Wissens

Absicht dieses Arbeitsschrittes ist es, die bisherigen Ergebnisse der Zielgruppen- und Kontextbeschreibung den Projektbeteiligten, aber auch MitarbeiterInnen aus dem Unternehmen zur Verfügung zu stellen, die dieses Wissen benötigen könnten, beispielsweise die Marketingabteilung oder die Geschäftsführung (Nielsen 2019: S. 89). Zu diesem Zwecke würde in größeren Projekten ein Kommunikationsplan eingerichtet, um den Zugang zu dem generierten Wissen möglichst barrierefrei zu gestalten. Dies schließe die Datengrundlage mit ein.

2.2.9 Das Team erschafft Szenarien

Dieser Punkt diene dazu, die Personas in möglichst viele verschiedene Szenarien einzubinden, um den Nutzungskontext weiter zu definieren. Im Rahmen dieses Projekts entfällt er, da die Projektleitung zunächst ohne Team arbeitet.

2.2.10 Fortwährende Anpassung

Der iterative Anteil des nutzerzentrierten Designprozesses wird durch die fortwährende Anpassung adressiert. Sie ermöglicht es, auf Änderungen während der Entwicklung eines Produktes zu reagieren, sodass zusätzliche oder obsolete Nutzungsanforderungen berücksichtigt werden können (Nielsen 2019: S. 117).

2.3 Ist-Analyse der Usability

Nach dem Ermitteln der Zielgruppe und des Nutzungskontexts kann eine Ist-Analyse der Usability erfolgen. Diese wird gemäß des Auftrags für ausgewählte Aspekte durchgeführt.

1. Informationsarchitektur: die Homepage (index.html) enthält im oberen rechten Bereich die thematische Unterteilung der Internetpräsenz, die durch ein Off-Canvas-Menü ergänzt wird. Auffällig hierbei ist die teilweise Redundanz, da sowohl die thematische Unterteilung als auch das Menü gleiche Inhalte anzeigen. Dies kann die Orientierung der NutzerInnen einschränken. Die Mikro-IA basiert auf Detailseiten und enthält im oberen Bereich ein ansprechendes Hero Image. Die globale Navigation ist weiterhin analog zu der thematischen Unterteilung oben rechts enthalten und bietet Zugang zum Impressum, der Datenschutzerklärung sowie den Themen. Über „Startseite" beziehungsweise das Logo oben links gelangen NutzerInnen zurück zur Indexseite. Durch Scrollen wird der Beitrag der Detailseite erreicht sowie im rechten Bereich eine Sidebar mit weiteren Inhalten sowie einer Bloghistorie. Im unteren Bereich ermöglicht ein Kommentarfeld die Interaktion. Weiterhin bietet eine Funktion, die an das Blättern in einem Buch angelehnt ist, zum vorherigen oder dem nachfolgenden Beitrag zu gelangen. Den Abschluss bildet eine Übersicht zu verschiedenen Beiträgen der Internetpräsenz sowie der Hinweis auf das Copyright. Eine Navigationsfunktion im unteren rechten Bereich führt die NutzerInnen zurück zum Anfang der Seite.

2. Navigation: das Bewegen auf den Webpages wird durch mehrere Elemente realisiert. Die globale Navigation befindet sich im oberen rechten Bereich, wird jedoch nur beim Navigieren auf eine Seite angezeigt und entsprechend ausgeblendet, sobald NutzerInnen innerhalb der Seite in weiter unten liegende Bereiche navigieren. Unterstützt wird die globale durch eine Breadcrumbs-Navigation, die sich in den Detailseiten direkt unterhalb des Hero-Images befindet. Sie hilft den NutzerInnen bei der Orientierung. Des Weiteren kann die Funktion, die eine Nutzerin oder einen Nutzer zurück zum Seitenanfang führt, zu den globalen Navigationselementen gezählt werden, da sie dauerhaft eingeblendet wird. Die sekundäre Navigation wird durch die seitliche Leiste umgesetzt und bietet Verlinkungen zu anderen Beiträgen sowie zu einer Bloghistorie. Im Bereich der Contentnavigation wird die Möglichkeit genutzt, Ortsnamen oder geographische Bezeichnungen zu verlinken wie „[...] das Wasser vom Zipfelsbach [...]", sodass NutzerInnen über die Links zusätzliche Informationen oder weiterführende Inhalte erreichen. Eine Suchfunktion auf den Detailseiten bietet zielstrebigen NutzerInnen außerdem

eine Möglichkeit, schnell zu spezifischen Inhalten zu gelangen. Diese Funktion kann jedoch leicht übersehen werden.

3. Interaktion: um Elemente mit gleichen Funktionen auch intuitiv als solche auszuzeichnen, werden Interaktionen auf der Internetpräsenz eingesetzt. Wird das Zeigegerät über ein Element bewegt, erzeugt dies einen weiß-transparenten Farbverlauf, der sich als Rechteck hinter das Element legt und den NutzerInnen signalisiert, dass es ausgewählt und interagierbar ist. Dies gilt für die globale Navigation. Die Verlinkungen in der sekundären sowie der Contentnavigation verändern ihre Schriftfarbe von Türkis zu Gold. Die eingebetteten Bilder interagieren ebenfalls mit dem Zeigegerät und wandeln dieses von einem stilisierten Pfeil in einen Finger um. Beim Auswählen wird das Bild außerdem vergrößert dargestellt und um eine Vor-/Zurücknavigation ergänzt, die ein Durchstöbern aller Bilder ermöglicht.

4. Typographie: das Schriftbild zeichnet sich durch den überwiegenden Einsatz serifenloser Schriften aus. Einzig die Überschrift auf dem Hero-Image, die Inhalte des Off-Canvas-Menüs sowie die Suchfunktion sind mit Serifen dargestellt. Der Kontrast wird durch Farbwechsel der Schrift angepasst, sodass auf hellem Hintergrund eine dunkle Schrift eingesetzt wird und vice versa. In den Beiträgen jedoch ist der Kontrast geringer und die Lesbarkeit hier gegebenenfalls eingeschränkt. Der Zeilenabstand im Maß 1,5 wirkt angemessen und fördert die Übersichtlichkeit sowie den Lesefluss. Die linksbündige Ausrichtung führt jedoch dazu, dass die Sätze nach hinten unterschiedlich umgebrochen werden und die Einheitlichkeit stören.

5. Darstellung des Inhalts: die Internetpräsenz bietet den NutzerInnen eine klar erkennbare Strukturierung der Inhalte, sowohl über die IA als auch das Hinzufügen von Inhaltsverzeichnissen in den Beiträgen. Das verwendete Bildmaterial unterstützt das vermittelte Image und fördert die Neugierde, weitere Inhalte zu erkunden. Die Anforderungen der Zielgruppe werden teilweise erfüllt, da zwar die Kilometerzahl, nicht jedoch die zeitliche Dauer oder der Schwierigkeitsgrad einer Tour angegeben wird. Die Länge der Texte sowie die sprachliche Gestaltung erfüllen die Anforderungen einer der beiden aufgezeigten Personas und könnten gegebenenfalls angepasst werden, um die Usability zielgruppenspezifisch zu verbessern.

6. Farbe: der Einsatz von farblichen Mitteln erfolgt sparsam und gezielt, sodass sie genutzt werden, um die Linkfunktionalität von Elementen hervorzuheben beziehungsweise deren Interaktionscharakter durch Farbverläufe zu veranschaulichen. Auffällig ist der Farbwechsel des Hintergrunds sowie der Schrift beim Wechsel vom Body in den Footer.

2.4   Optimierung der Website

Im Zuge des nutzerzentrierten Designprozesses werden die Gestaltungslösungen entsprechend der beschrieben zwei Personas optimiert. Der Schwerpunkt dieser Aktivitäten bezieht sich auf die im vorherigen Abschnitt aufgeführten Usabilityaspekte.

Variante 1: diese Optimierung orientiert sich an der Persona Dieter und legt den Fokus zum einen auf die Makro-IA, sodass redundante Themen der globalen Navigation entfernt wurden. Zum anderen wurde die Suchoption aus dem Body in den Header verschoben. Die Seitenleiste entfiel gänzlich, sodass die Seite sortierter erscheint. Bezüglich der Typographie wurde eine größere Darstellung sowohl der Überschriften in den Menüs als auch im Textkörper gewählt. Weiterhin wurde der Kontrast erhöht, in dem die Schrift der Beiträge von grau in schwarz geändert wurde. Die ehemals in der globalen Navigation enthaltenen Themen „Impressum" sowie „Datenschutz" wurden in den Footer verschoben und um eine Option zur Kontaktaufnahme ergänzt. Diese findet sich außerdem im Header wieder. Die Mockups der mobilen sowie der Desktopansicht sind in den Abbildungen 6 – 19 dargestellt und zeigen auftragsgemäß drei zentrale Seiten. Des Weiteren wurde eine Beitragsseite abgebildet.

Variante 2: diese Optimierung berücksichtigt die Persona Lisa und konzentriert sich vorwiegend auf die Makro-IA. Folglich wurden die redundanten Themen der globalen Navigation entfernt und diese neu gegliedert. Entsprechend der Ergebnisse zur Erstellung der Persona Lisa wurde die Einteilung in Tages- beziehungsweise Mehrtagestouren vorgenommen, die die NutzerInnen jeweils weiter verteilen auf Berg- oder Schneeschuhtouren. Dies ermöglicht eine benutzerfreundlichere Unterteilung und entspricht dem mentalen Modell der Persona. In der mobilen Ansicht reduziert sich die Navigation auf das Drei-Strich-Menü, das den Zugang zu den Themen ermöglicht. Das Impressum sowie die Datenschutzhinweise wurden zusammen mit den Kontaktdaten in den Footer verschoben, wobei die Kontaktoption weiterhin im Header verfügbar bleibt. Auf allen Seiten, ausgenommen der Startseite, bietet eine nun schmalere Sidebar Zugang zu weiteren Beiträgen sowie zu der Bloghistorie. In der mobilen Ansicht wird diese als Column-Drop unterhalb des Textkörpers angezeigt. Eine Suchfunktion im Header realisiert die gezielte Recherche von Inhalten und ist als intuitives Element mit Eingabefeld und Lupensymbol umgesetzt. Weiterhin wurde zur besseren Orientierung eine Breadcrumbs-Navigation in den Body der Beitragsseiten integriert. Eine interaktive Karte ermöglicht im Bereich der Beiträge außerdem das Anzeigen des Tourengebiets inklusive Zoomfunktion. Zur Erweiterung der User-Experience bietet der Footer aller Seiten den Zugang zum Teilen des Inhaltes über Social-Media-Kanäle. Die Mockups der zweiten Variante sind in den Abbildungen 20 – 32 dargestellt.

2.5   Evaluation der Gestaltungslösungen

Die Evaluation der erstellten User Interfaces erfolgt anhand der ermittelten Anforderungen aus Sicht der Persona sowie andererseits erneut unter Ermittlung der Usability durch die befragten sechs NutzerInnen. Dazu wurden die modifizierten Webpages zunächst in Variante 1 und anschließend in Variante 2 veröffentlicht. Die Erhebungen erfolgten auf Basis der Fragebögen, wobei nur die veränderten Aspekte untersucht wurden. Die Akzeptanz durch die NutzerInnen variierte dabei, da die Nähe zu einer der beiden erstellten Personas verschiedene Anforderungen priorisiert. Beispielsweise ermöglicht die Suchfunktion für zielstrebige NutzerInnen eine höhere Usability, reduziert diese aber nicht für Personen, die die Inhalte lieber erkunden. Vergleichbar gilt dies für die größere Typographie in Variante 1, deren Mehrwert für Personen höher ist, die inhaltlich der Persona Dieter zugeordnet werden können.

3.   Abschluss

Im Rahmen des Projekts war gefordert, eine Kooperation mit einer Organisation einzugehen und deren Internetauftritt unter Anwendung eines nutzerzentrierten Gestaltungsprozesses zu optimieren. Mit dem Auftritt https://gipfelgeil.de konnte eine Website für das Projekt gewonnen und der Gestaltungsprozess darauf angewandt werden. Die Methode der Persona, die Nielsen (2019) präsentiert, ermöglichte dabei die Ermittlung der Zielgruppen sowie deren Bedürfnisse und Nutzungskontext. Dazu wurde eine Usabilityanalyse mit sechs NutzerInnen durchgeführt und ausgewertet. Die daraus hervorgehenden Personas bildeten die Grundlage für die Gestaltungslösungen in zwei Varianten. Die erste setzt den Schwerpunkt auf eine eindeutige Informationsarchitektur und gute Lesbarkeit durch größere Typographie und starken Kontrast. Variante zwei erhöht für zielstrebige NutzerInnen die Usability durch zusätzliche Navigationsmöglichkeiten, integrierte und interaktive Karten sowie eine neue Kategorisierung der Informationsarchitektur. Die Zeitplanung des Projekts sah 150 Stunden verteilt auf vier Wochen vor, wobei dem Ermitteln der Nutzergruppen der größte Anteil zugeordnet wurde. Das Erreichen des MS 2 und MS 3 benötigte durch das Vorbereiten, Durchführen und Auswerten der Usability mit den sechs NutzerInnen jedoch 16 Stunden länger, da diese Aktivitäten im Vorfeld nicht ausreichend berücksichtigt wurden. Weiterhin ergab der MS 5 (Darstellung der UI-Varianten) einen Mehraufwand von acht Stunden, da die Steuerung des Content-Management-Systems auf Grund der Komplexität mehr Bearbeitungszeit benötigte. Durch das zusätzliche Fortführen des Projekts an den Wochenenden konnten diese Verzögerungen jedoch kompensiert und das Projekt früher als geplant abgeschlossen werden. Die erzielten Optimierungen erfüllten die Anforderungen des Auftraggebers und konnten bereits in den Betrieb überführt werden. Entgegen des Erwartungswerts von 7650 € verursachte das Projekt tatsächliche Kosten von 8874 €.

II.   Literaturverzeichnis

Bühler, P., Schlaich, P., Sinner, D. (2017): Webdesign: Interfacedesign – Screendesign – Mobiles Webdesign. Springer Vieweg. Springer Verlag GmbH Deutschland 2017, Heidelberger Platz 3, 14197 Berlin, Germany

Bundesagentur für Arbeit (2022): Fachinformatiker/in Systemintegration. Verdienstmöglichkeiten.
(URL: https://web.arbeitsagentur.de/entgeltatlas/beruf/13659 [letzter Zugriff: 05.06.2022])

Evoluzione GmbH (2022): Honorare und Tagessätze im Consulting. (URL: https://juniorconsultant.net/karrierefragen/einstieg-gehalt/honorare-tagessaetze-und-gehaelter/ [letzter Zugriff: 05.06.2022])

IU (2021): Studienskript IT-Projektmanagement IPMG01. IU Internationale Hochschule GmbH, Juri-Gagarin-Ring 152, D-99084 Erfurt

IU (2022a): Projektbericht. Aufgabenstellung zum Kurs: DLBMIUID02 – User Interface Design. IU Internationale Hochschule GmbH, Juri-Gagarin-Ring 152, D-99084 Erfurt

Lüth, K. (2018): Realistische Aufwandsschätzung schnell und systematisch Teil 2: Welche Schätzmethode eignet sich am besten? Projekt Magazin. (8)

Microsoft (2022): Gantt-Projektplaner. (URL: https://templates.office.com/de-de/gantt-projektplaner-tm02887601 [letzter Zugriff: 05.06.2022])

Nielsen, L. (2019): Personas – User Focused Design. Second Edition. Springer-Verlag London Ltd. 2019

reinus.NET GmbH (2022): Vollständige Ermittlung von Personalkosten. (URL: https://www.controllingportal.de/Fachinfo/Kostenrechnung/Vollstaendige-Ermittlung-von-Personalkosten.html [letzter Zugriff: 05.06.2022])

Swenson, D.X., Conbere, J.P. (2021): Stakeholder Management in Organization Development. In: Organization Development Review Vol. 53 No. 4 2021.

High Power-Low Interest	High Power- High Interest ("Key Stakeholders")
• Keep satisfied (much work required) • Don't take too much of their time • Keep informed but don't overwhelm with information • Seek advice for crucial decisions • Invite to certain occasions • Include in designs and preparation of plans • Show how project success is related to their work and values • Try to increase their interest over time; find common areas of interest	• Invite at an early stage • Seek inputs, listen closely, implement suggestions when possible • Fully engage • Give responsibilities • Keep satisfied • Avoid over-promising & under-delivering • Regular invites to exclusive events • Personal contact
Low Power-Low Interest	**Low Power- High Interest**
• Monitor shift in interest level (low effort) • Monthly updates, newsletters only on relevant information • Exhibitions	• Communicate changes and benefits • Keep informed of project process • Update on progress • Inform of barriers & successes • Newsletters, surveys • Involvement in low risk areas

Abbildung 1: Stakeholdermatrix. Verändert nach Swenson und Conbere (2021: S. 20)

Rolle	Macht	Interesse	Unterstützung	Benötigte Informationen
Autoren	Gering	Hoch	Quelle	Ideen für Gestaltung, Risiken
Betrieber	Hoch	Hoch	Quelle, Abstimmen	Anforderungen, Ideen, Risiken
Nutzende	Hoch	Hoch	Quelle, Abstimmen	Anforderungen

Abbildung 2: Stakeholder-Tabelle. (IU 2021: S. 26)

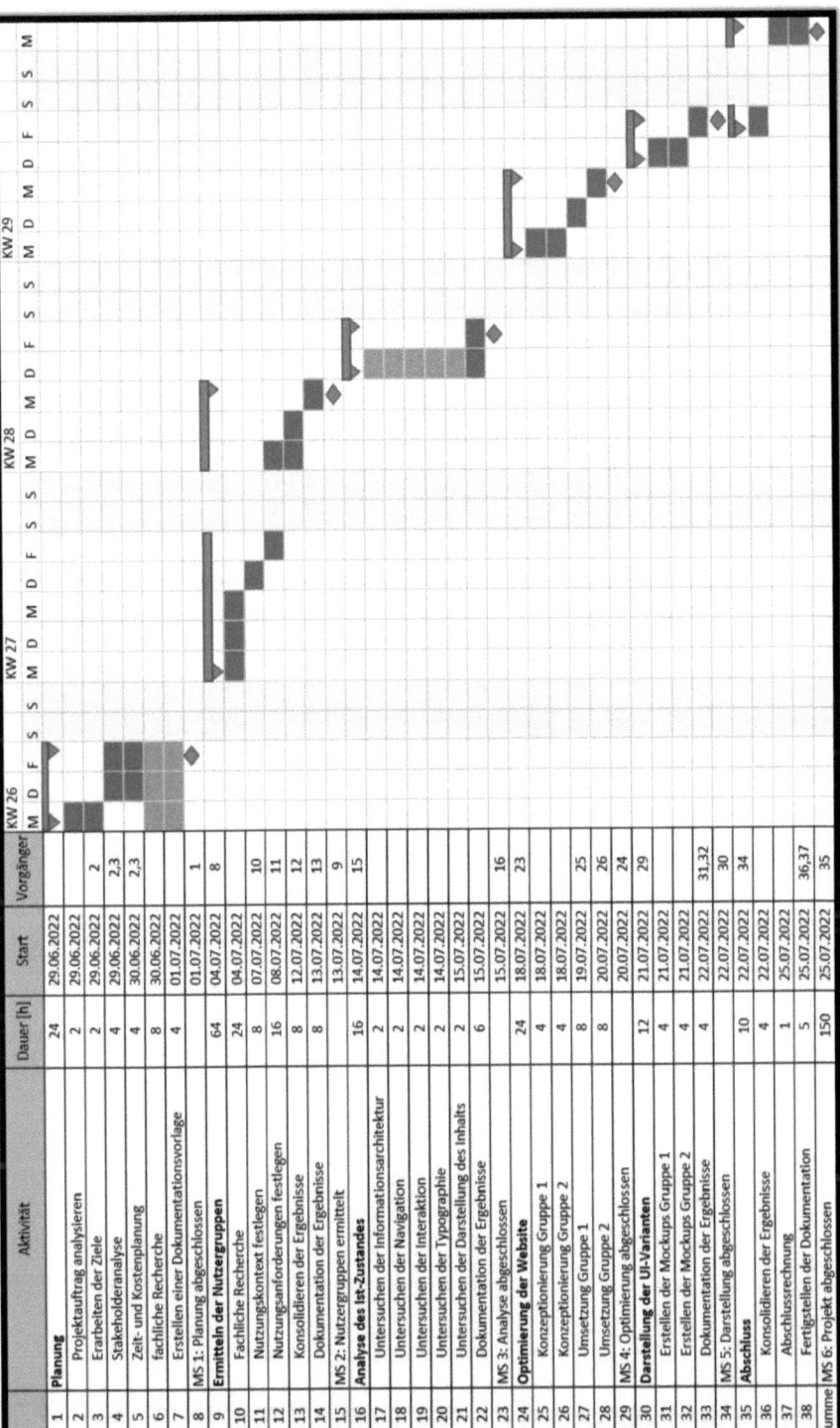

Abbildung 3: Ganttdiagramm als Artefakt der Zeitplanung. Verändert nach IU (2021: S. 31), Microsoft (2022)

Phase	Projektleitung			Externer Berater		
	Best	Most likely	Worst	Best	Most likely	Worst
Planung	19,2	24	31,2	0	0	0
Ermitteln der Nutzergruppen	51,2	64	83,2	0	0	0
Analyse des Ist-Zustands	12,8	16	20,8	0	0	5
Optimierung der Website	19,2	24	31,2	0	0	10
Darstellung der UI-Varianten	9,6	12	15,6	0	0	5
Abschluss	8	10	13	0	0	0
Summe [h]	120	150	195	0	0	20
Kosten [€/h]	51			210		
Schätzung [€]	6120	7650	9945	0	0	4200

Abbildung 4: Aufwandsschätzung (Bundesagentur für Arbeit 2022), (Evoluzione GmbH 2022), (reinus.NET GmbH)

Nr.	Fragebogen zur Website www.Gipfelgeil.de			
1	Bitte tragen Sie Ihr Geschlecht ein:	männlich ⊠	weiblich ☐	divers ☐
2	Bitte geben Sie Ihr Alter an:	32 Jahre		
3	Welchen Beruf üben Sie aus?	Beamter		
4	Falls Sie bereits Touren gewandert sind, wie viele Tage pro Jahr waren es im letzten? 5-10 Touren			
5	Wie groß war Ihre Wandergruppe? Wandern sie als Familie mit Kindern? 3; ohne Kinder			
6	Welche Art Tour bevorzugen Sie? Halbtagestour ☐ Tagestour ☐ Mit Übernachtung ⊠			
7	Welchen Eindruck erweckt die Unterteilung der Website? Sehen Sie sich dazu im oberen rechten Bereich der Website um. • Die Homepage (index.html) wirkt sehr beruhigend • Elemente wirken strukturiert, leicht verspielte Kacheln • Aufgeräumt (Header und Body)			
8	Suchen Sie sich eine Tour heraus und navigieren Sie auf die Seite. Finden Sie sich zurecht? Was hilft Ihnen dabei? • Inhaltsverzeichnis hilft sofort			
9	Bewerten Sie folgende Aussage: Wenn ich über ein Element fahre und es anwähle, merke ich, dass es darauf reagiert.			

Trifft zu	Trifft eher zu	Ich weiß nicht	Trifft eher nicht zu	Trifft nicht zu
⊠	☐	☐	☐	☐

10	Verhält sich das Element so, wie sie es erwarten und welche ist Ihre Erwartung? • Linkfunktionalität • Viel haptisches Feedback (Anmerkung: bzgl. Bewegen des Zeigegeräts)

X

	• Testperson lobte die Kalenderfunktion sowie die Mouse-Over-Effekte
11	Welchen Eindruck erweckt die Größe der Buchstaben auf Sie? Hätten Sie sie gerne kleiner oder größer? • Tourdaten könnten markanter sein • Überschriften könnten sich mehr abheben, mehr Verspieltheit • In Detailseiten: genau zutreffend (in Full HD, Desktop)
12	Wie gefällt Ihnen die Wirkung der Schrift vor dem Hintergrund? Können Sie diese stets klar unterscheiden? • Grauer Hintergrund angenehm • Sehr angenehmer Kontrast, auch in den Überschriften
13	Suchen Sie sich einen Beitrag aus. Wie empfinden Sie dessen Länge? • Völlig ok; pro Abschnitt ein ideal langer Absatz
14	Die Bilder unterstreichen einen Beitrag und vermitteln ein Gefühl für die Tour.

Trifft zu	Trifft eher zu	Ich weiß nicht	Trifft eher nicht	Trifft nicht zu
☒	☐	☐	zu ☐	☐

15	Beschreiben Sie, wie die verwendete Sprache der Texte auf Sie wirkt. • Als ob man mit dabei wäre („wir") • Man fühlt sich als Leser mitgenommen zur Tour
16	Bewerten Sie folgende Aussage: wenn ich zurück zu einer vorherigen Seite gehen möchte, erkenne ich die Schaltflächen, die dies ermöglichen. • Über Pfeilfunktion unten rechts und dann Navigation oben (Anmerkung: globale Navigation)
17	Welchen Eindruck hinterlässt der Besuch der Website bei Ihnen? • Die Farbe gelb wühlt mich auf; sie scheint nicht stimmig

18	Gibt es etwas, das Sie auf der Website vermisst haben?

- Suchfunktion im oberen Bereich, Zugang zu der Funktion
- Ich würde mir wünschen, schneller zur Suche zu gelangen oder so, dass sie immer erreichbar ist und „mitläuft"

19	Bewerten Sie folgende Aussage: auf der Internetseite habe ich die Informationen gefunden, nach denen ich suchte.

Trifft zu	Trifft eher zu	Ich weiß nicht	Trifft eher nicht	Trifft nicht zu
⊠	☐	☐	zu ☐	☐

20	Hier ist Platz für sonstige Kommentare und Hinweise zur Website.

- Rechte Sidebar könnte schmaler gemacht werden
- TeilnehmerIn bemerkt, dass goldene Schrift auf weißem Hintergrund vielleicht schattiert werden sollte
- TeilnehmerIn schlägt vor, die „Blätterfunktion" der Beiträge höher zu implementieren, oberhalb der Kommentarfunktion

Abbildung 5: Fragebogen einer Nutzerin oder eines Nutzers. Eigene Darstellung

Abbildung 6: Startseite in Desktopansicht, Variante 1

Abbildung 7: Header der Kontaktseite in Desktopansicht, Variante 1

XIV

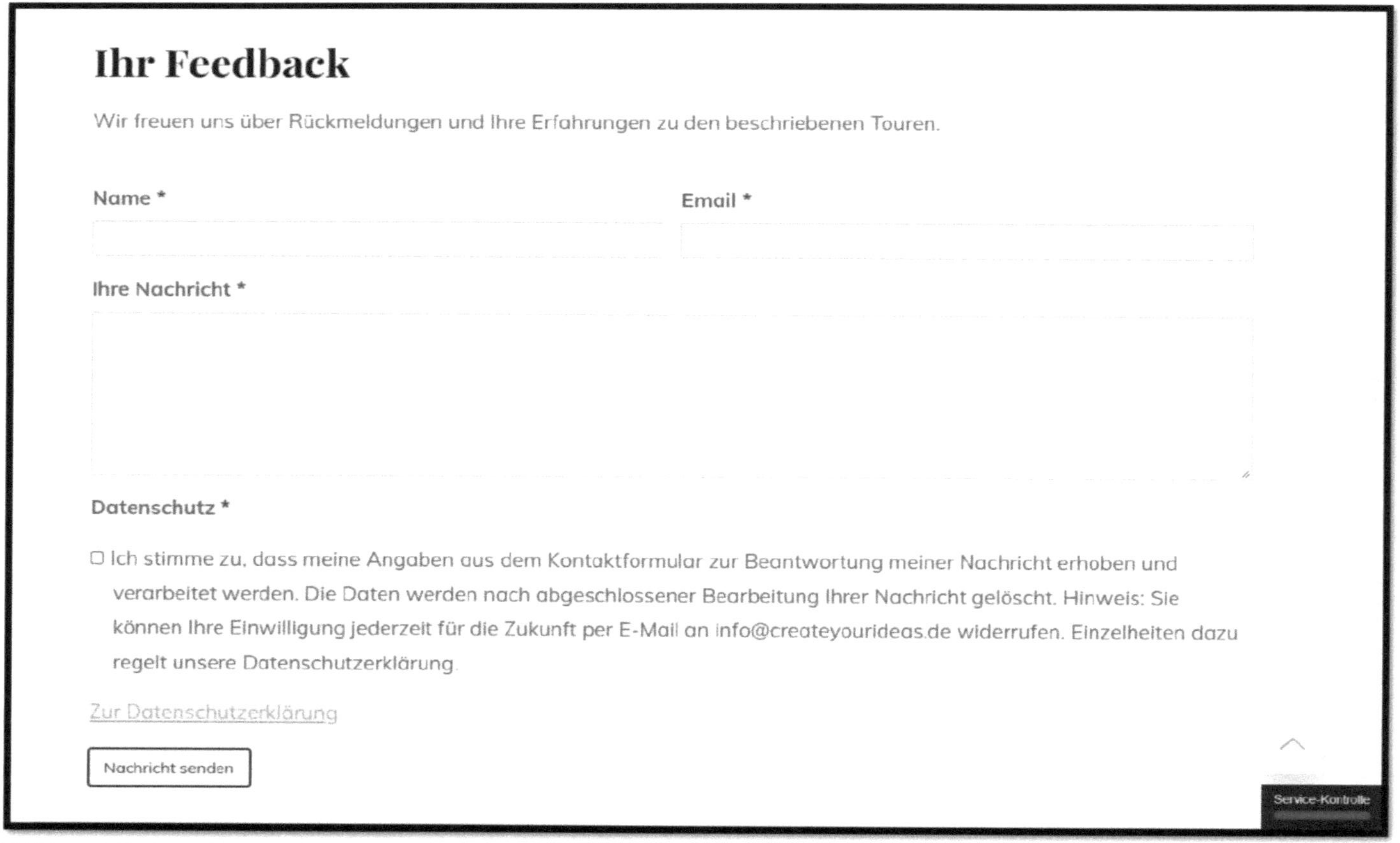

Ihr Feedback

Wir freuen uns über Rückmeldungen und Ihre Erfahrungen zu den beschriebenen Touren.

Name *

Email *

Ihre Nachricht *

Datenschutz *

☐ Ich stimme zu, dass meine Angaben aus dem Kontaktformular zur Beantwortung meiner Nachricht erhoben und verarbeitet werden. Die Daten werden nach abgeschlossener Bearbeitung Ihrer Nachricht gelöscht. Hinweis: Sie können Ihre Einwilligung jederzeit für die Zukunft per E-Mail an info@createyourideas.de widerrufen. Einzelheiten dazu regelt unsere Datenschutzerklärung.

Zur Datenschutzerklärung

Nachricht senden

Service-Kontrolle

Abbildung 8: Body der Kontaktseite in Desktopansicht, Variante 1

XV

Abbildung 9: Footer der zentralen sowie der Beitragsseiten in Desktopansicht, Variante 1

XVI

Abbildung 10: Header einer Beitragsseite in Desktopansicht, Variante 1

XVII

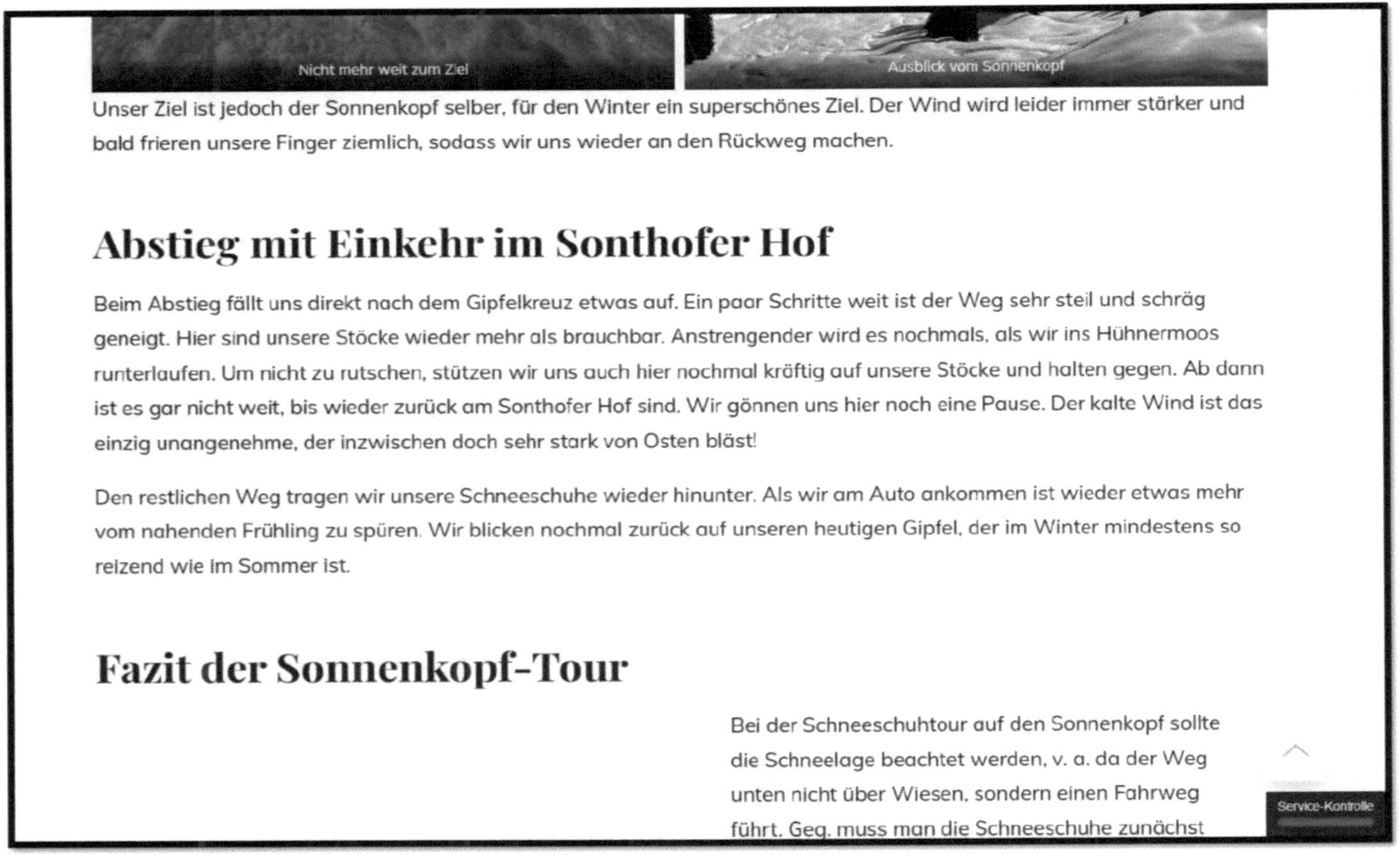

Nicht mehr weit zum Ziel

Ausblick von Sonnenkopf

Unser Ziel ist jedoch der Sonnenkopf selber, für den Winter ein superschönes Ziel. Der Wind wird leider immer stärker und bald frieren unsere Finger ziemlich, sodass wir uns wieder an den Rückweg machen.

Abstieg mit Einkehr im Sonthofer Hof

Beim Abstieg fällt uns direkt nach dem Gipfelkreuz etwas auf. Ein paar Schritte weit ist der Weg sehr steil und schräg geneigt. Hier sind unsere Stöcke wieder mehr als brauchbar. Anstrengender wird es nochmals, als wir ins Hühnermoos runterlaufen. Um nicht zu rutschen, stützen wir uns auch hier nochmal kräftig auf unsere Stöcke und halten gegen. Ab dann ist es gar nicht weit, bis wieder zurück am Sonthofer Hof sind. Wir gönnen uns hier noch eine Pause. Der kalte Wind ist das einzig unangenehme, der inzwischen doch sehr stark von Osten bläst!

Den restlichen Weg tragen wir unsere Schneeschuhe wieder hinunter. Als wir am Auto ankommen ist wieder etwas mehr vom nahenden Frühling zu spüren. Wir blicken nochmal zurück auf unseren heutigen Gipfel, der im Winter mindestens so reizend wie im Sommer ist.

Fazit der Sonnenkopf-Tour

Bei der Schneeschuhtour auf den Sonnenkopf sollte die Schneelage beachtet werden, v. a. da der Weg unten nicht über Wiesen, sondern einen Fahrweg führt. Geg. muss man die Schneeschuhe zunächst

Abbildung 11: Body einer Beitragsseite in Desktopansicht, Variante 1

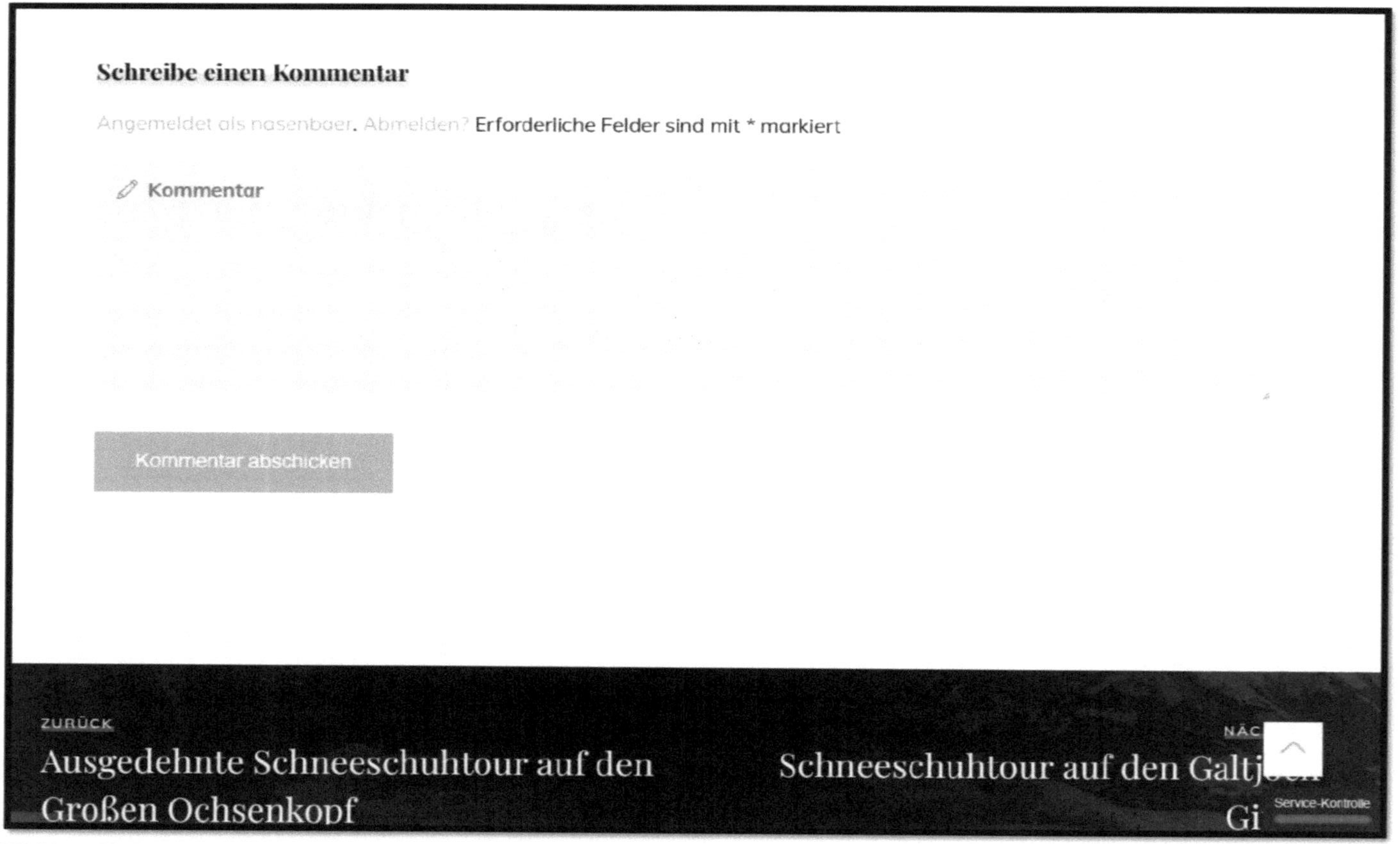

Schreibe einen Kommentar

Angemeldet als nasenbaer. Abmelden? Erforderliche Felder sind mit * markiert

🖉 Kommentar

Kommentar abschicken

Ausgedehnte Schneeschuhtour auf den
Großen Ochsenkopf

Schneeschuhtour auf den Galtjoch

NÄC

Gi Service-Kontrolle

Abbildung 12: Bereich zwischen Body und Header einer Beitragsseite in Desktopansicht, Variante 1

XIX

Abbildung 13: Startseite in mobiler Ansicht, Variante 1

Abbildung 14: Header der Kontaktseite in mobiler Ansicht, Variante 1

Ihr Feedback

Wir freuen uns über Rückmeldungen und Ihre Erfahrungen zu den beschriebenen Touren.

Name *

Email *

Ihre Nachricht *

Datenschutz *

☐ Ich stimme zu, dass meine Angaben aus dem Kontakt-formular zur Beantwortung meiner Nachricht erhoben und verarbeitet werden. Die Daten werden nach abgeschlossener Bearbeitung Ihrer Nachricht gelöscht.

Service-Kontrolle

Abbildung 15: Body der Kontaktseite in mobiler Ansicht, Variante 1

Abbildung 16: Footer der zentralen sowie der Beitragsseiten in mobiler Ansicht, Variante 1

Abbildung 17: Header einer Beitragsseite in mobiler Ansicht, Variante 1

Nicht mehr weit zum Ziel
Ausblick vom Sonnenkopf

Unser Ziel ist jedoch der Sonnenkopf selber, für den Winter ein superschönes Ziel. Der Wind wird leider immer stärker und bald frieren unsere Finger ziemlich, sodass wir uns wieder an den Rückweg machen.

Abstieg mit Einkehr im Sonthofer Hof

Beim Abstieg fällt uns direkt nach dem Gipfelkreuz etwas auf. Ein paar Schritte weit ist der Weg sehr steil und schräg geneigt. Hier sind unsere Stöcke wieder mehr als brauchbar. Anstrengender wird es nochmals, als wir ins Hühnermoos runterlaufen. Um nicht zu rutschen, stützen wir uns auch hier nochmal kräftig auf unsere Stöcke und halten gegen. Ab dann ist es gar nicht weit, bis wieder zurück am Sonthofer Hof sind. Wir gönnen uns hier noch eine Pause. Der kalte Wind ist das

Service-Kontrolle

Abbildung 18: Body einer Beitragsseite in mobiler Ansicht, Variante 1

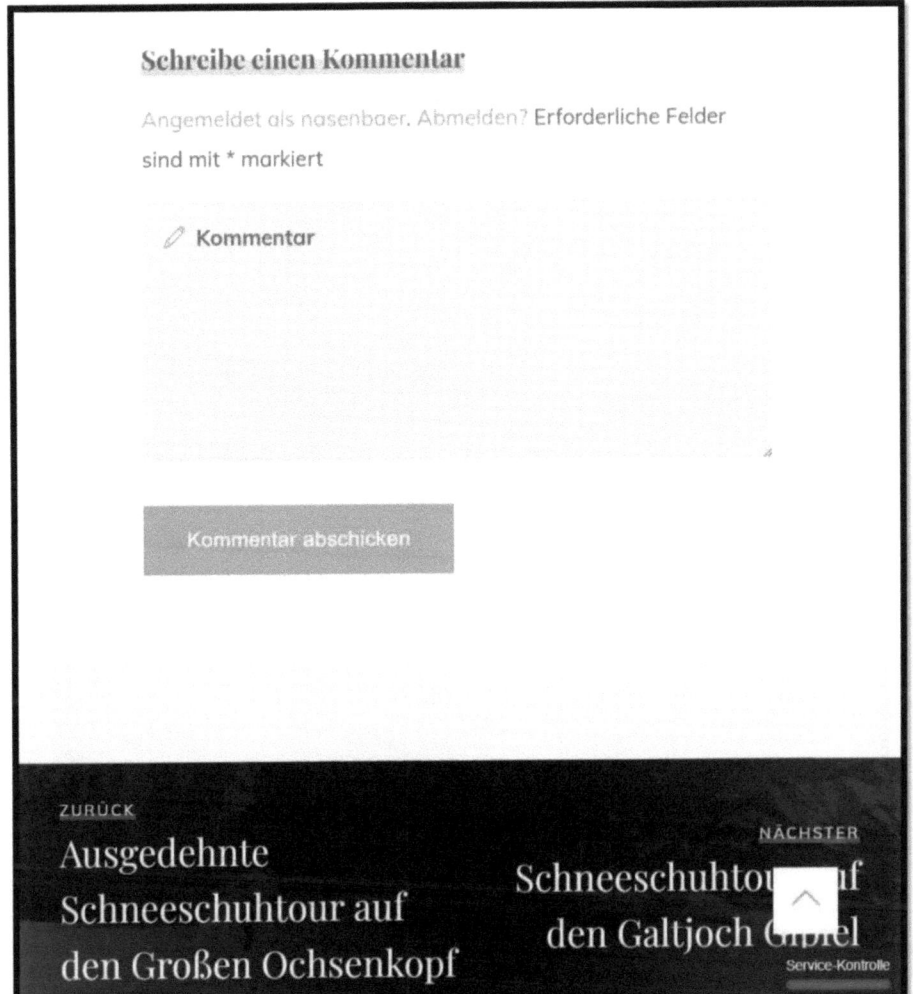

Abbildung 19: Bereich zwischen Body und Footer in mobiler Ansicht, Variante 1

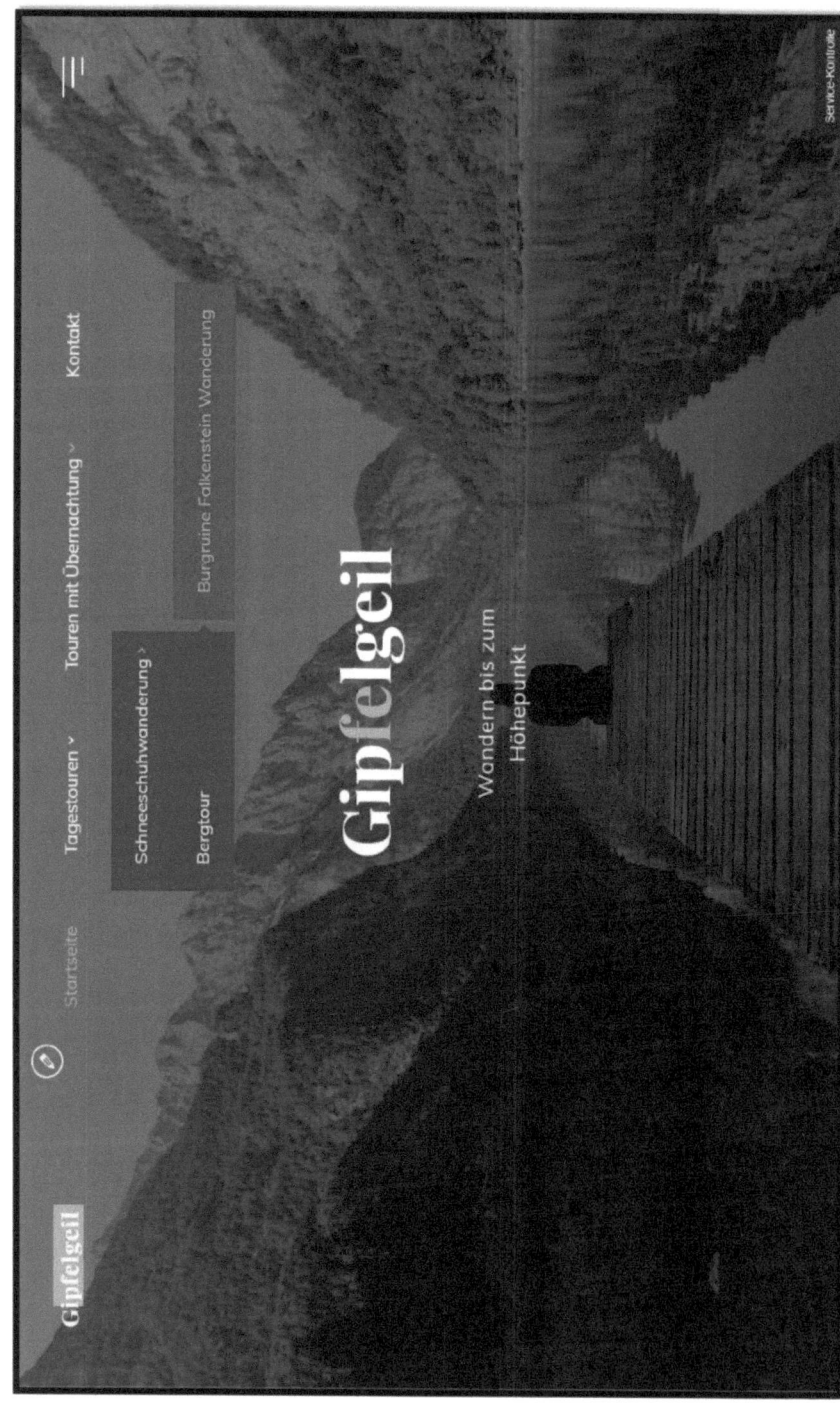

Abbildung 20: Startseite der Desktopansicht, Variante 2

Abbildung 21 Header der Kontaktseite in Desktopansicht, Variante 2

Abbildung 22: Body der Kontaktseite in Desktopansicht, Variante 2

XXIX

Abbildung 23: Header einer Beitragsseite in Desktopansicht, Variante 2

XXX

Startseite » Blog » Burgruine Falkenstein Wanderung

Am 02.01.2022 starten wir den Rundwanderweg vom Breitenbergbahn-Parkplatz in Pfronten über die Burgruine Falkenstein in Richtung Vils. Dort führt ein Wanderweg an dem schmalen Bach zurück zum Parkplatz. Ein Rundwanderweg mit herrlichem Panorama und faszinierenden Felsformationen.

Tourdaten: Länge 10.9 km, Höhe 687 hm, Dauer 4 h

Iseler von Hinterstein
über den Kühgundgrat

Von Gunzesried auf
den Steineberg

Ponten-Tour von
Hinterstein

Von Hindelang über
den Hirschbachtobel
auf den Spießer

Schneeschuhtour auf
den Galtjoch Gipfel

Juni 2022

Mai 2022

März 2022

Februar 2022

Januar 2022

Service-Kontrolle

Abbildung 24: Body einer Beitragsseite in Desktopansicht, Variante 2

XXXI

Abbildung 25: Header der Startseite in mobiler Ansicht, Variante 2

Abbildung 26: Geöffnetes 3-Strich-Menü zur Navigation. Variante 2

Abbildung 27: Header der Kontaktseite in mobiler Ansicht, Variante 2

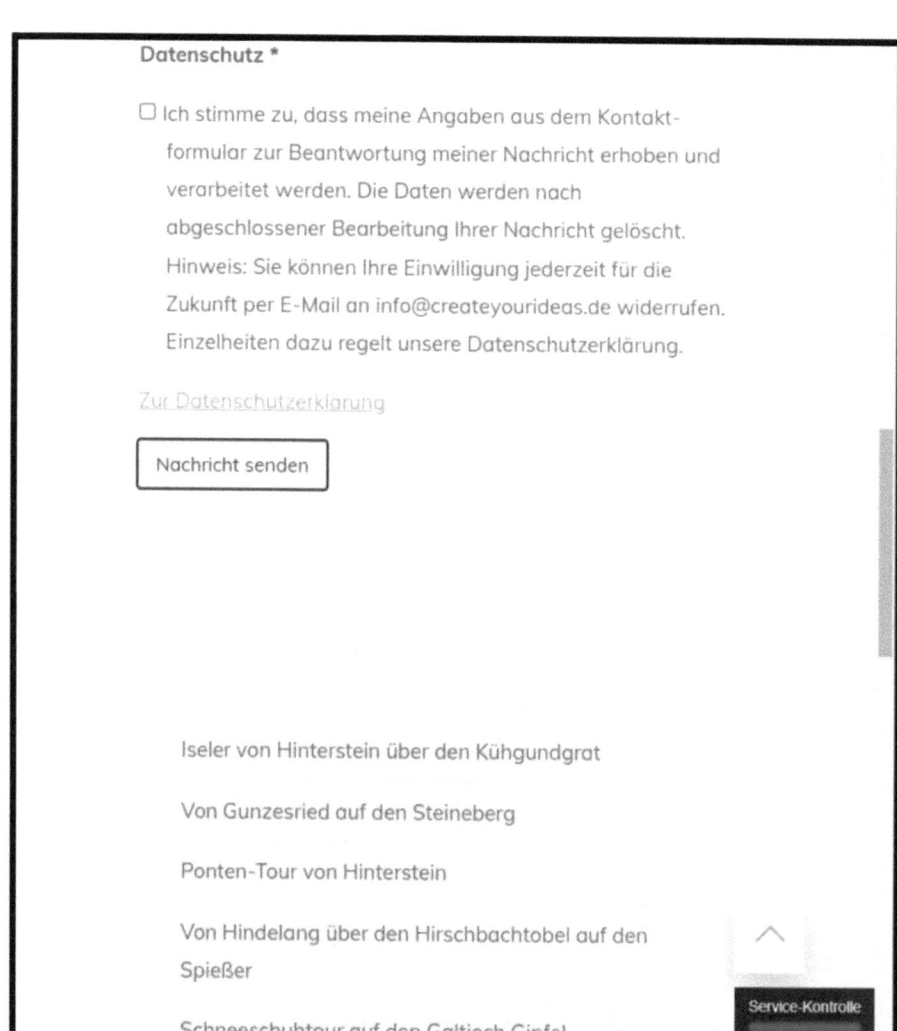

Datenschutz *

☐ Ich stimme zu, dass meine Angaben aus dem Kontakt-
formular zur Beantwortung meiner Nachricht erhoben und
verarbeitet werden. Die Daten werden nach
abgeschlossener Bearbeitung Ihrer Nachricht gelöscht.
Hinweis: Sie können Ihre Einwilligung jederzeit für die
Zukunft per E-Mail an info@createyourideas.de widerrufen.
Einzelheiten dazu regelt unsere Datenschutzerklärung.

Zur Datenschutzerklärung

Nachricht senden

Iseler von Hinterstein über den Kühgundgrat

Von Gunzesried auf den Steineberg

Ponten-Tour von Hinterstein

Von Hindelang über den Hirschbachtobel auf den
Spießer

Schneeschuhtour auf den Galtjoch Gipfel

Service-Kontrolle

Abbildung 28: Übergang vom Kontaktformular zu weiteren Inhalten in mobiler Ansicht, Variante 2

Abbildung 29: Header einer Beitragsseite in mobiler Ansicht, Variante 2

Startseite » Blog » Burgruine Falkenstein Wanderung

Am 02.01.2022 starten wir den Rundwanderweg vom
Breitenbergbahn-Parkplatz in Pfronten über die Burgruine
Falkenstein in Richtung Vils. Dort führt ein Wanderweg an dem
schmalen Bach zurück zum Parkplatz. Ein Rundwanderweg mit
herrlichem Panorama und faszinierenden Felsformationen.

Tourdaten: Länge 10,9 km, Höhe 687 hm, Dauer 4 h

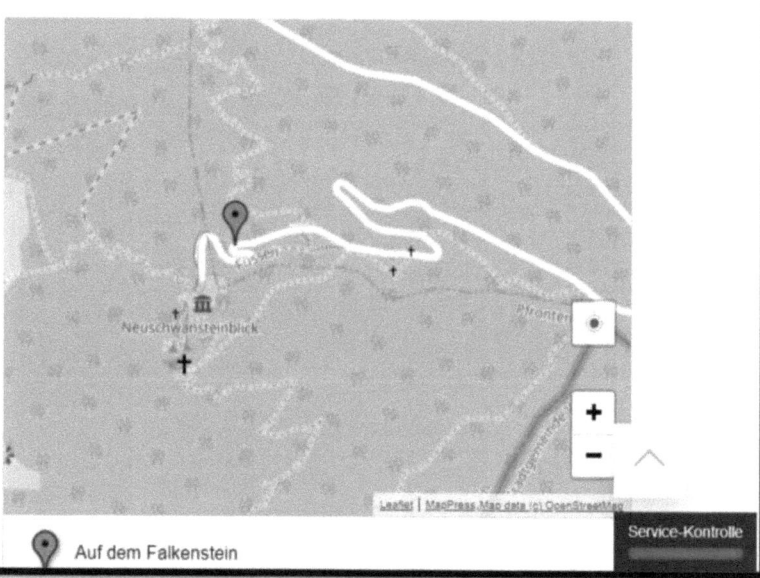

Abbildung 30: Body einer Beitragsseite in mobiler Ansicht, Variante 2

Piniengewächse und Toskana-Feeling

Piniengewächse und die milde Luft lassen bei uns fast ein bisschen Toskana-Feeling aufkommen. Wir wandern den Grat immer Richtung Osten entlang und folgen dann der Beschilderung zur Salober Alm. Nun geht es bergab, wir fühlen uns als ob Ende Oktober wär und rascheln durch das trockene Laub, das auf dem gesamten Weg liegt und zum Teil sogar etwas rutschig ist.

Einmal können wir sogar einen Specht direkt neben uns beobachten, wie er unbeirrt die Baumrinne beackert und kurz darauf entdecken wir an einem anderen Baum etwas weiter entfernt sogar nochmal einen Specht! Kurz vor der Salober Alm kommen wir noch an einer Aussichtsstelle vorbei, von der aus wir den Weißensee ganz nah direkt unte   hen.

Abbildung 31: Body einer Beitragsseite, Variante 2

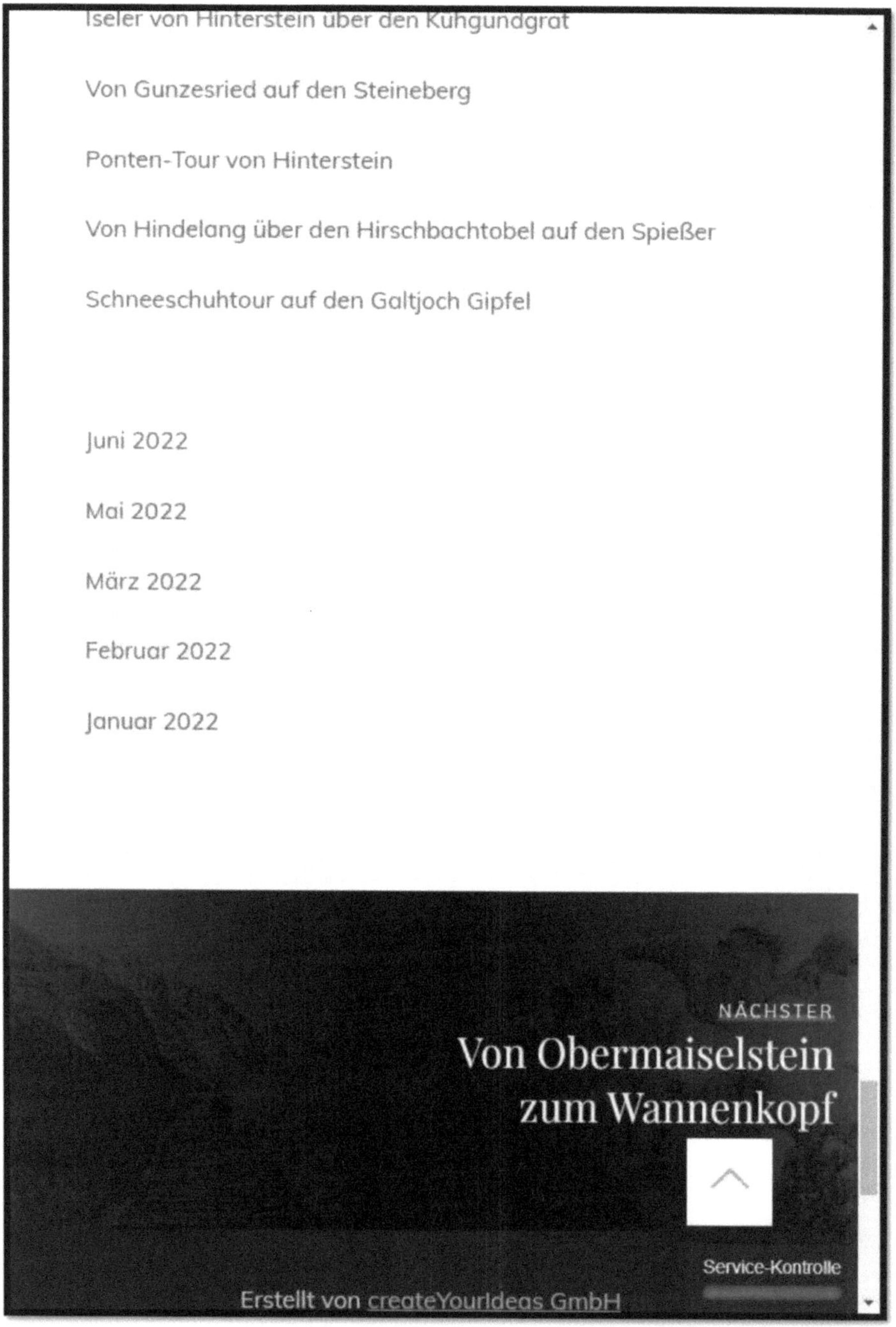
Iseler von Hinterstein über den Kuhgundgrat
Von Gunzesried auf den Steineberg
Ponten-Tour von Hinterstein
Von Hindelang über den Hirschbachtobel auf den Spießer
Schneeschuhtour auf den Galtjoch Gipfel
Juni 2022
Mai 2022
März 2022
Februar 2022
Januar 2022
NÄCHSTER
Von Obermaiselstein zum Wannenkopf
Service-Kontrolle
Erstellt von createYourIdeas GmbH

Abbildung 32: Übergang einer Beitragsseite zwischen Body und Footer, Variante